北京市文联文学艺术创作扶持专项资金项目

# 长城

## 北京记忆

摄影／杨　东

编著／宋献伟

荣誉出品：

特别鸣谢：

**本书编委会**

主　任：宋献伟
副主任：张天才　陈　明　杨　东
编　委：宋献伟　张天才　杨　东　陈　明
　　　　陈　敏　张　俊　李　献　陈　宁
统　稿：张　俊

# 本书作者

宋献伟

中共党员，山西传媒学院山西电影学院教授，高级编辑；资深电视工作者；2020 年中国艺术研究院影视学访问学者；原山西广播电视台纪录片中心主任。

担任编导、撰稿的纪录片《人证》《邓小平在太行》《建筑巨观悬空寺》《清洁太原》《北京知青 1998》《黄土地》（栏目）《中国网架第一人》《原上草》《西口在望》等先后获得国家广电总局政府奖和全国性协会评奖一等奖。

担任编剧、导演、制片人的纪录电影《爱我长城》获 2021 年国防军事盛典优秀影片奖，2020 年戛纳地中海电影节特别单元"最佳纪录片"，中国电视艺术家协会第十三届中国旅游电视周"最佳专题片"奖，入围提名意大利米兰国际电影节、美国亚洲影视节、中美电影节、中加电影节、波兰东欧电影节、美国旧金山电影节等电影节最佳纪录片奖，在全国院线及央视 CGTN 播映。

担任总制片人、出品人、总监制、监制、策划的动画电影《嘻哈英熊》、电视剧《绝秘任务》《一代名相陈廷敬》《别让我看见》在全国及海外院线、央视八套、一套等播映。

撰写的论文《建设中国特色社会主义电视文化》《新时代纪录片国家意识的建构与表达》《网生纪录片美学趣味的两极嬗变》《新时代党史纪录片时空叙事的美学转向》等在《中国广播电视学刊》《电视研究》《当代电视》等刊物发表。

担任执行主编的《昭晰神光——三晋文化影像》《西口在望》《人证》《倾诉》图书由中央文献音像出版社等出版。

个人先后获得中国记协"全国优秀新闻工作者"（2005 年）、山西省委宣传部首批"四个一批人才"（2013 年）、北京广电局"北京广电领军人才"（2016 年）、山西省委"三晋英才"（2019 年）等荣誉称号。

杨东

中共党员，长城摄影师、保护者，长城文化影像推广大使，首届中国长城国际摄影周代言人，中国摄影家协会会员，北京摄影家协会会员，北京东城区摄影家协会理事。曾被《北京日报》《北京晚报》《中国摄影报》《中华遗产》等专版报道，在国际国内长城摄影作品展中获奖百余项，并多次入选国内外重大展览。

曾获首届、第二届"精彩冰雪瞬间"2022年冬奥会主题摄影大赛一等奖；美国纽约国际摄影大赛金牌；19幅长城作品入选首届北京青年摄影大展。

多家媒体采访并制作了专题片：CCTV1《瞬间中国》杨东；CCTV4《平凡匠心》拍长城的人·杨东；CCTV9《理想答案 仅供参考》长城摄影师·杨东；北京卫视《为你喝彩》杨东；新华网《筑影长城》杨东。

2020年5月21日，微博热搜"5年拍30万张长城照片"创下单日1.5亿阅读量。

2021年，参演纪录电影《爱我长城》，为老红军王定国拍摄一张她心目中的长城。

2021年10月3日，央视新闻点赞：追逐梦想，杨东好样的！快手全天热搜榜＋微博热搜。

2021年10月7日，参与中央电视台新闻频道国庆大型特别节目《直播长城》。

2022年2月3日，参与北京卫视大型冬奥直播节目《北京向未来·万里长城，民族之脊》。

# 前言

## 北京长城的前世今生

董耀会 / 中国长城学会副会长

北京周边的长城，主要说的是京津冀地区长城。京津冀地区地缘相接、文化同脉，有着深厚而广泛的历史渊源，在长城文化遗产上体现得最为明显。京津冀地区的长城主要是明长城，而长城本来就是连接在一起的，是一体的。

修建长城，是在农牧交错地带边缘地区构建一个防御体系。长城是春秋战国时期开始修建的。北京那时是燕国的都城。燕昭王锐意改革，燕国强大了之后，开始向北开疆扩土，类似的还有赵武灵王胡服骑射之后，积极向北扩张。

实际上，战国诸侯通过改革、变法强大了之后，都要寻求拓展生存空间，寻找发展机遇。燕国西有赵国，南有齐国，都很强大，向北方农牧交错地带游牧族群控制的地区拓展空间，发展成本最低。于是，燕国北进，拓地千里，在游牧交错地带最靠北的地方修建长城，保护已经获得的土地和利益。

燕长城在今天的承德、赤峰那边，一直向东到辽宁。

燕国的军队为什么到了农牧交错边缘地区，不再继续向北发展？因为再向北，降雨量不够长庄稼了，农耕政权要那个地没有用。后来秦始皇修建长城的时候，利用秦国、赵国和燕国北方的长城，又增修了一部分，形成了第一道万里长城。

所以，燕国、秦朝的长城在远离北京的燕山以北地区。

北京地区现存真正意义上的长城是在魏晋南北朝时期开始建设的。

南北朝时期，战火连绵不绝，军阀混战，地方割据。北朝包括北魏、东魏、西魏、北齐和北周五朝，为鲜卑人或鲜卑化汉人建立的政权。北朝统治区包括农牧交错的长城区域，统治者或多或少都修建过长城。

北京门头沟区王平镇河北村，有一处东魏武定三年的摩崖刻石，记载了东魏平远将军在此处驻军修筑长城之事。

北齐文宣帝高洋多次组织修建长城。北齐长城经过多次修建，基本上完成两条主防御线：北方的外边，由今山西西北至河北山海关，经过了北京；第二条线为内边重城，西起山西偏关，东至北京昌平，也修到了今天的北京。

北齐从游牧民族成为农耕地区统治者之后，在更北边有更强大的游牧民族又起来了，因而有了防御北边的需求。

北朝修建的长城，因历史久远、规模质量有限及后期长城叠压等原因，大多已难寻觅。今天，在北京周边我们能看到的保存较好的长城，基本上都是明代修建的长城。

明朝北逐蒙元后，从山海关到北京，明朝将领徐达修筑了很多关城。

明成祖朱棣登基之后，决定要在北京建都城，把统治中心移到北方来。朱棣把都城从南方迁到北方，最重要的一件事就是要把对蒙古势力的防御做好。

北京的平原地区，是燕山和太行山的冲积平原，由永定河、潮白河等河流带来的大量泥沙、石土，长期冲积形成。燕山和太行山环绕着整个北京平原。明代京津冀地区的长城主要依靠这两个山脉修建。这两道山脉对于构建北京整体的防御非常重要。

燕山山脉是东西走向的一道山脉，燕山地区的滦河、潮河等则是南北走向。长期以来这些河流水系纵向切割，形成了一条条南北的通道，能走水，能走人，能走马，能走军队，所以就需要修建长城去封堵。

燕山和太行山既是华北平原向东通往东北、向西通往黄土高原方向的主要屏障，也是由东北和西北地区进入华北平原的必经之路，自古以来就是修建长城的重要区域。游牧势力占据了这一区域，就有了向中原地区发起进攻的立脚点；农耕政权控制了这一区域，就有了向北发展的前沿基地。

北京市是燕山和太行山交汇的地方，太行山大致是南北走向，燕山大致是东西走向，相交的地方在八达岭、居庸关所在的关沟。这道关沟是北京向北非常重要的通道，沿线设置了岔道城、八达岭、上关、居庸关、南口城等长城防线，可见其重要性。

北京地区的长城，由天津的蓟州区进入北京后，从东向西排列，经过了六个区：平谷、密云、怀柔、延庆、昌平、门头沟，西北入赤城，西南入怀来、涿鹿、涞水，在全国来说还是属于保存较好、较完整的长城段。

北京地区的长城关隘，从明洪武初年开始修建，到永乐年间基本形成了严密的防御体系。宣德年间，明蒙关系相对平和稳定，正统至正德年间，双方关系紧张起来，开始进入较大规模的修建时期。嘉靖年间，长城进入修建高峰期，隆庆到万历年间，长城形成了一道城堡相连的万里防线。每个阶段的长城修建，基本上都包括了今天北京地区的长城。

北京的地理位置，决定了明朝的京城无险可守，也决定了关外军事力量突破长城防线以后，马上就会兵临京城之下。如果没有长城和北京高大坚固的城墙防御，明朝不可能有270多年的历史。所以整体上说，长城对于明朝的北京城保卫还是成功的。

# 目录

第一章　四通八达　十面埋伏 ......13

　　八达岭 .........15
　　古北口 .........28
　　黄崖关 .........46
　　将军关 .........54

第二章　江山锦绣　河山壮丽 ......57

　　金山岭 .........59
　　司马台 .........80
　　箭扣 .........97

第三章　文化传承　生生不息 ......117

　　居庸关 .........118
　　慕田峪 .........131
　　九眼楼 .........140
　　白马关 .........152

第四章　水光潋滟　渔家唱晚 ......157

　　五座楼 .........158
　　黄花城 .........165
　　青龙峡 .........172

**第五章　戍边后代　欢乐农家** ......177

柳沟 .........178

永宁 .........180

石峡 .........182

长峪城 .........186

**第六章　红色记忆　铸就辉煌** ......189

古北口 .........190

南口 .........205

高楼 .........208

镇边城 .........210

水头 .........212

墙子路 .........214

沿河城 .........221

**第七章　街头巷尾　故都传说** ......229

北京城门、城墙 .........230

于谦祠 .........232

袁崇焕墓、祠 .........234

故宫 .........236

跋　　......246

# the Memories Great Beijing

第一章

# 四通八达
# 十面埋伏

第一章 四通八达 十面埋伏 | 15

# 八达岭

　　伟岸的八达岭长城,是长城之精华,让人心驰神往、流连忘返,但它历史的厚重,不是所有登临它的人都能理解。

　　八达岭长城选址在关沟北侧入口最高处，关沟整体北高南低，海拔落差有600余米。这里两峰夹峙，一道中开，居高临下，形势极其险要。从张北、宣化自怀来进京，远远就能望见雄伟壮丽的八达岭长城飞卧于崇山峻岭之上，气势凛然。而自八达岭下视居庸关，如建瓴窥井，所以有"古人以居庸之险，不在关城，而在八达岭"之说。

位于北京西北的太行山脉和燕山山脉交界处,有一条长约18公里的自然峡谷,是华北平原与怀来、宣化、内蒙古草原的天然通道,史上的"天下九塞"之一,"太行八陉"之八的军都陉,又叫关沟。关沟山高谷深,雄关险踞,景色秀丽,沟内拥有京藏高速、京张铁路、216市道三条出京交通干线,自古为兵家必争之地,见证了多个王朝的兴衰。

明代学者蒋一葵的《长安客话·边镇杂记》写道："出居庸关，北往延庆州，西往宣镇，路从此分，故名八达岭，是关山最高者。"这是八达岭名称的由来。

八达岭控扼的关沟，具有草原和内陆交通上的战略位置优势，以及修建八达岭长城后在此地所拥有的地形地势上的优势，注定成为兵要之地，自古至今几乎各个王朝都在此驻以重兵。

第一章 四通八达 十面埋伏 | 19

　　八达岭古长城景区为八达岭西翼段长城，规制与八达岭同。景区内有当年修建长城的石料场遗址，遗址现场，被劈开的巨岩清晰可见，尚未加工完毕的石料凿痕历历。在景区另一侧，可以看到当年烧制长城砖的砖窑群，这两处遗址向我们揭示了长城是如何修建的。

　　关于八达岭古长城的一个故事是，明崇祯十七年（1644年），李自成建立大顺军攻打北京，在无法突破八达岭雄关的情况下，绕开此处突破。这个故事从侧面说明了此处地形地势的重要性。

明朝朱棣定都北京，王陵设在关沟东侧天寿山下，因此明廷对居庸关八达岭的防卫工作不断增强，经过两百多年不断的增建修缮，八达岭长城成为明长城中最强的一段，和地势相和，气势天成。

现八达岭关城内陈列有明代火炮五门，最大的火炮炮身上刻有"敕赐神威大将军"字样，制造于明代崇祯十一年（1638年）。此炮是1958年从八达岭东十余里的张堡地方运来的。另外四尊牛腿小炮，为1957年整修长城时的出土文物，同时还发掘出数百枚炮弹，均为明朝制品。八达岭关城始建于明弘治十八年（1505年），嘉靖、万历年间曾修葺过。关城呈东窄西宽的梯形，有东西二门。东门额题"居庸外镇"，刻于嘉靖十八年（1539年）；西门额题"北门锁钥"，刻于万历十年（1582年）。

隶属于景区内的八达岭长城防御体系，由八达岭关城、八达岭长城及烽燧等组成。

　　城墙墙顶平坦宽阔，可以十人并行；外侧垛墙高大，内侧修有宇墙。发生战事时守军具备宽敞良好的工作面。

　　八达岭长城城墙极其高大，墙体以花岗岩石条包砌，无论山势陡峭或者平缓，石条均逐层水平垒砌，纵横交错，横架竖垒，咬合成一体，合缝处灌以灰浆，展示出高超的建筑技艺。

清末至民国初年，带有各种目的的西方旅人经过关沟，八达岭长城的形象通过画作和摄影作品开始名声外扬，渐成中国长城的形象代表。

第一章 四通八达 十面埋伏 | 25

新中国成立以后，八达岭长城的文物保护工作受到了党和国家的高度重视。1952年，郭沫若先生提议修复八达岭长城，接待中外游人，从此翻开了八达岭长城新的历史篇章。在老一代文物工作者的努力下，八达岭长城逐步修缮。1961年，八达岭长城被国务院列为第一批全国重点文物保护单位。

　　八达岭水关长城，坐落在延庆县八达岭镇石佛寺村，修建于明代，守御八达岭东石佛寺口，规制与八达岭长城完全相同。整段长城建于山险谷口，顺山应势而行，似鲲鹏展翅欲飞，是八达岭长城中保存最精固的一段。

　　石佛寺古称佛岩寺，《西关志》载："佛岩寺在居庸关西北二十五里，兴废无考，维寺中石佛一尊刻辽开泰四年（圣宗年号，公元1015年）字迹，壁间又书元大德十一年（成宗年号，公元1307年）造字迹，约之创自辽金时，其为古刹信矣。"原寺1901年被八国联军焚毁，后迁建。石佛寺附近有佛爷台，存有从金鱼池出土的十余座元代石刻雕像。

　　水关长城东有长城敌台，上有石匾"川字一号"，为明八达岭段长城东端起点。

古北口

古北口地势十分险要，在数千年的历史发展进程中，一直是华北平原往东北平原和内蒙高原的交通要塞之一，历来是兵家必争之地。

古北口现存北齐长城和明长城。历史上古北口长城辖区包含了今卧虎山、蟠龙山、金山岭和司马台等著名长城城段。

古北口东西皆有高山，潮河和潮河的支流汤河穿山而过。明朝徐达利用地形地势，修建了古北口关城、烽火台，在关城北侧增修铁门关，仅容一骑一车通过，在潮河上设"水门关"，并在新建的关城里设了守御千户所。

洪武三十年（1397 年），明廷又将千户所升格改为密云后卫，设了指挥使三员、同知六员、指挥签事五员、指挥一员，包含左、中、右、前、后五个卫所，有正副千、百户三十六员。古北口和西北的居庸关成为明朝未来首都的两个重要门户。

弘治七年（1494 年），明廷又在这里设了古北口提调，属古北路参将管辖。明弘治十年（1497 年）鞑靼王子率兵入侵古北口，因明军守备森严，无功而返。

古北口之得名,最早在唐代,檀州密云郡燕乐县"东北百八十五里有东军、北口二守捉,北口,长城口也"。这时的长城,是南北朝时期北齐天保年间修建的长城。到五代时,此处已被称为"古北口"。

卧虎山，位于北京市密云区古北口镇西侧，海拔665米，山势陡峭，因山顶形状酷似两只一仰一俯的老虎而得名。卧虎山主体长城始建于明朝洪武八年（1375年），部分地区利用了北齐长城城墙，后期不断增修加高加厚包砖建台，逐渐构建起以卧虎山为中心，东侧控扼潮河，西侧控扼多道山谷，西南呼应潮河关、南天门的复杂的防御体系。

第一章 四通八达 十面埋伏 | 37

卧虎山长城拥有万里长城唯一的姐妹楼。姐妹楼是长城经过潮河水关的附属建筑，西望高耸的卧虎山，东临蟠龙山，紧邻河北省滦平县。潮河长城水关在清代被大水冲毁，后妹楼在近代被人为拆毁。2014年，历经三个月修复，姐妹楼恢复了旧日景观。

古北口所处的位置，是燕山山脉中的一个断裂带，山势相对低矮。发源于河北省承德地区丰宁县的潮河，流经滦平十八盘，在古北口找到了突破口，进入密云断陷燕落盆地。受季风气候影响，每年夏季，汇集了燕山深处雨水的潮河水流湍急，其声如潮，潮河因此得名。从北往南越过古北口，即进入古称幽州之地，此后基本是一马平川，无山险可持，因此，古北口历来是兵家必争之地。

蟠龙山长城位于北京密云东北,明代属于古北口路管辖,现为古北口镇开放的景区。历史上此处战事颇多,1933年,抗日将士浴血奋战,著名的古北口战役便就发生在此。

二十四眼楼在蟠龙山长城东侧,是蟠龙山长城的东起点。二十四眼楼有上下三层,一、二层四周每侧各建有三个箭窗,顶层周围是垛口。它的形制和戚继光将军手绘的敌台形制非常相似,是长城上创修敌台过程中的一个里程碑建筑,更是长城建筑史上鲜见的珍品;二十四眼楼因为是砖木结构,几百年过去了,因经历过太多风霜雨雪,曾经固若金汤的敌楼早已今非昔比了。北京市文物局对此敌楼进行内部加固,用巨大的铁架支撑起已经摇摇欲坠的砖墙,并加设避雷措施,以防止这一座敌楼遭受进一步破坏。

# 黄崖关

黄崖关是蓟镇长城的重要关隘,关城建在两山之间,封锁着泃河河谷,地势十分险要,故称"蓟北雄关"。

第一章 四通八达 十面埋伏 | 47

长城周围山石颜色都是黄褐色的，因为不同程度含有铁的成分，当太阳光照射时，呈现出一种亮丽的金属颜色。因为山上有黄崖，山下有雄关，所以得名黄崖关。

第一章 四通八达 十面埋伏 | 49

　　黄崖关建有长城沿线上独一无二的八卦关城，又称为"八卦迷魂阵"，关城是按八卦图形规律构筑的防御阵式。整个关城占地4万平方米，整体布局以提调公署为中心，由西北方按顺时针依"乾、坎、艮、震、巽、离、坤、兑"八个方位划分为八个卦区，建造了40多条街道和百余间房屋，内设三关九门，布局错综复杂。

黄崖关长城以关城为中心向泃河两岸延伸,东经太平寨,有悬崖为屏障,直插半拉缸山;西临"八步险""鬼见愁",以峭壁为依托,飞抵王帽顶山。

黄崖关长城西山绝壁王帽顶山上,有一座空心敌楼、一组点燃烽燧的火池和一座作战指挥台。

第一章 四通八达 十面埋伏 | 51

"黄崖口关"匾额,为明代著名抗倭名将戚继光将军题写。

黄崖口始建于南北朝时期北齐天宝七年(557年)。明隆庆年间(1567年—1572年),民族英雄戚继光任蓟镇总兵时,对这段长城进行包砖和大修,形成了战台敌楼、边城掩体、水关烟墩、古寨营盘等各项防御设施一应俱全的壮观景象。

诗曰:"中华名胜厚博回,蓟北雄关史韵怀。碑有百将军墨志,气纵千毫越古才。水陆关城黄崖照,空心八卦傲敌台。推今鉴古持存用,五光十色画纸白。"

1990年1月4日,黄崖关长城被天津市评定为"津门十景"之首。

# 将军关

　　将军关,又称将军石关。关门东南侧有高 6 米的独立巨石,形似武将,称"将军石",将军关或以石得名。将军关是明长城北京平谷区段最东端的关口,是进入北京东部的第一处长城重要关口,被称作"京师第一关"。相传将军关正关上原有城楼,门南为演武场,西侧有水关。城楼及水关现均已不存。

第一章 四通八达 十面埋伏 | 55

将军关东西两侧皆为高山，山上修建有以自然山石垒砌、白灰勾缝的长城边墙及墩台，充分利用了敌人无法逾越的自然山势作为防御屏障。

# the Memories Great Beijing

第二章

# 江山锦绣
# 河山壮丽

# 金山岭

　　金山岭长城景区属河北省承德市滦平县管辖，与北京市密云区相邻，距北京城区约 130 千米，距承德约 90 千米，距天津约 320 千米。

　　金山岭长城是明长城最精华的地段，虽然身处北京近郊，但因行政区辖不属于北京，所以北京的常规旅行团不往这里输送客源，这反而成就了一段相对安静的绝美长城景区。

明初徐达驱逐北元后立即在此驻兵防御，利用早期长城遗址并增设关城，整个区域后划归蓟镇古北口路管辖。明朝隆庆年间，北调抗倭名将谭纶、戚继光整饬边防。隆庆三年（1569年）起，戚继光开始大规模修筑蓟镇长城，始成今日模样。

当人们在城墙上漫步时,四周环境优美,空气清新。长城如腾飞巨龙,蜿蜒于山巅,气势雄伟,巍峨壮观,绵延不绝,是最美的天际线。

降水充分，植被必然繁茂。景区重视景观培育，经过多年精心涵养，这里春天漫山花开，春意盎然；盛夏万木葱茏，云雾飘渺；金秋五色纷繁、层林尽染；冬季白雪皑皑、银装素裹。天地如诗，转角即景，处处奇观，令人边走边拍手叫绝。

因为环境友好，小动物也时时可见，野鸡、松鼠常常在长城上出现，带给人们意外的惊喜。

第二章 江山锦绣 河山壮丽 | 67

第二章 江山锦绣 河山壮丽 | 69

第二章 江山锦绣 河山壮丽 | 71

因相对此处所处低洼平缓的地形、地势之利，这里也是南北气流过往的通道。春秋时节，候鸟纷纷从此经过，雁鸣边山；寒暑两季，南北冷热云团交汇碰撞。冬雪夏云，大戏在此频繁上演。

金山岭长城上有麒麟影壁,这是万里长城上极为罕见的遗迹。麒麟影壁用 15 块青砖拼制而成,上面浮雕有脚踏祥云的麒麟一只,挺胸翘尾,活灵活现。整个影壁高 2 米,宽 2.5 米,上有墙帽灰瓦,下有须弥座,位于敌台二层铺房南侧。因出于保护需要,麒麟影壁并不对外开放。

2011 年,为了方便游人观赏麒麟影壁,景区聘请曲阳雕刻大师在正门景区内旅游公路右侧、金山艺术馆旁,以原比例复制了麒麟影壁,使游人能方便地领略麒麟影壁的历史风貌,感受其文化内涵。

在砖垛口前，可瞻仰戚继光将军雕像。在砖垛口上城的梯道上，可以寻见万历年间的长城文字砖。这些文字砖，是施工士兵事先印在砖模上的，为日后工程质量监督而用。在整个金山岭长城段落上，可以寻见多种文字砖，时间跨度从万历四年（1576年）到万历二十二年（1594年）。

从砖垛口向东攀高，可以到达一个三岔口，三岔口向北是一道支墙，支墙控制了左右两道山沟的制高点，增加了防御的厚度。两沟外侧的山包顶上，修筑有可眺望远方的烽火台。山沟内部植被之间，尤可觅见多道石墙，这些石墙叫挡马墙，是让骑兵不能快速冲击到城墙脚下的防御建筑。仅在这不到一公里的方寸之间，戚继光将军便安排了多重的防御措施。

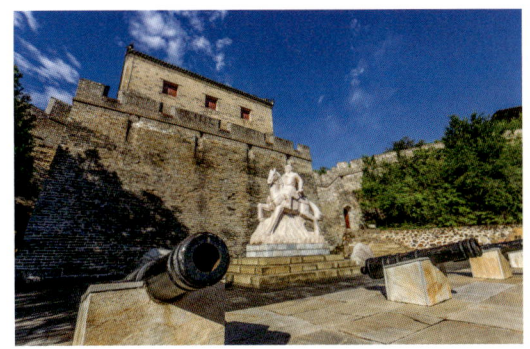

砖垛口东侧山顶的将军楼,又称库房楼,是一座形制完好的空心骑墙长城敌台。其内侧山坡上,还有一间完好的明代房屋建筑。在房子不远处,曾先后发掘出两块石碑,都是刻于隆庆四年,石碑上分别刻有谭纶、戚继光、刘应节和戚继光之弟戚继美的名字。这间房子的作用,本地流传为做库房使用,据文献考证,应是明代提调一级官员的指挥所。

如果体力好，可以走到大、小金山楼。金山楼所在的巨型裸露的花岗岩石，在落日余晖下显得金碧辉煌，被当地人称为金山，金山岭长城景区的名称即来自此。

得益于平缓的山势，及戚继光将军和将士们不懈的努力，长城在此展现出特有的蜿蜒和壮美。通过摄影的艺术形式，金山岭赢得了"万里长城，金山独秀"之美誉，是摄影人的天堂。

# 司马台

中国著名古建筑学家、长城学家罗哲文先生曾这样赞美司马台长城:"长城是中华民族之最,司马台长城是中国长城之最。"2012年英国《泰晤士报》更是将司马台长城评为"全球不容错过的25处风景"之首。

第二章 江山锦绣 河山壮丽 | 81

司马台长城位于北京市密云区古北口镇司马台村北。司马台长城东起望京楼,西连金山岭长城,司马台水库将该长城分为东、西两段,东段有敌楼16座,西段有敌楼19座,共计35座(包括已毁水中1座)。

发生于明嘉靖二十九年（1550年）的"庚戌之变"，是继"土木之变"百年之后明朝面临的又一次严重的边疆危机。蒙古土默特部落首领俺答汗挥师南下，突破古北口长城防线，兵临北京城下。面对日益严峻的边疆危机和愈演愈烈的"蒙虏之祸"，为了加强京畿地区的防御，嘉靖三十年（1551年），明朝的戍边将士们在前代的北齐长城的基础上，肇建了司马台长城墙体。历隆庆、万历朝，经谭纶、戚继光等戍边名臣领导的大规模的修筑，司马台长城最终定型。长城依险峻的燕山山脉山势而筑，形成了险、密、齐、巧、全五大特点。

早在宋朝，陈规便在其著作《守城录·守城机要》中提出在墙上开设"方眼"，"眼阔一尺，高八寸。相离三尺，又置一个。两眼之间，向上一尺，又置一个，状如品字形，向上作平头墙"。如今，司马台长城上有一段墙体形制较为特殊，墙体顶部没有设置常见的锯齿形的垛口，而是在砖墙上开设品字形的射孔，与宋朝人陈规的描述别无二致。这可以说是明长城现存唯一的一段。究其原因，便是明朝时火器的普及使得武器威力大为增加。在城防攻守战中，守方仅通过很小的方孔对外射击，便可达到较为理想的攻击效果。因此，宋朝人陈规提出的理论在明朝隆庆、万历时期（1567年—1619年）得以实践，出现了不设垛口仅在墙上开设品字形方孔的实例。

司马台长城以司马台关口为中心,修建有长城墙体、空心敌台、司马台寨、司马台营城堡等防御建筑,形成了完整、立体的长城防御体系。

第二章 江山锦绣 河山壮丽 | 89

　　司马台口，又称汤河口，位于今司马台水库北缘的河谷底部。关口附近山谷狭窄，东、西两山壁立，西面陡峭，东面山崖坡度约为45°，形成一天然隘口。明朝人认为这里"本隘口窄，通单骑，冲"。于是早在明洪武年间便已修建关口防御建筑，嘉靖十四年（1535年）前后，司马台设"官军六十五员名，军器三件"。据说关口原建有水门闸、关城楼，早年尚存基址，1977年修建司马台水库时被淹没。

　　从司马台关口向东，长城墙体沿着刀削斧劈般窄峭的山脊之上一路攀升，16座空心敌台如同跳跃的音符，将这段长城乐曲推向高音调，最后到达海拔986米的望京楼。如果你站在长城南侧，也就是关内一侧，抬头仰望修筑在悬崖峭壁上的长城，无论如何也想不通为什么明朝人会在如此险峻的地方修长城。只有当你走上长城，仔细查看关外一侧的山势时，才会恍然大悟——原来，长城北面的山势是如此平缓。

对于明朝人来说,长城既是边疆,同时也是首都的最后一道防线,平易的山坡带来的是巨大的防御压力,因此,司马台长城的整体等级颇高,达到了当时的最高级别——一等边墙。但是,明朝人在修长城的时候并非"一刀切",而是根据实际需要灵活掌握墙体建筑的规格——需要修一等就修一等,需要修三等就修三等。

例如,长城东段第十四座敌楼(猫眼楼)和第十五座敌楼(仙女楼)之间,耸起一架"天梯",是由于山势过于陡峻,长城几乎与地面垂直,呈直梯状沿山脊跃升,角度达到80°以上。在第十五敌楼(仙女楼)和第十六敌楼(望京楼)之间的"天桥"更是险中套险,这段长城长100余米,仅仅是一道薄墙,顶宽在30厘米左右,南侧为悬崖绝壁,这两段长城建筑材料和尺寸与其他地方迥然不同,材料以毛石垒砌为主,墙体薄且低矮,是为最低等级的三等边墙。

第二章 江山锦绣 河山壮丽 | 91

望京楼位于司马台长城的东端，也是海拔最高的敌楼，海拔986米，站在这里，景色壮美秀丽，俯首看脚下的悬崖，如刀削斧劈一般，几缕雾岚挂在绝壁处，更显得陡峭惊险。近处可见西北边的古北口、金山岭与司马台长城，浑然一体。远处依稀可见北京城区的轮廓，夜晚还可看见北京城区的万家灯火，"望京楼"因此而名。

长城文字砖是司马台长城的重要组成部分。文字砖是青砖在烧制前，于砖坯之上加盖印章，如"万历五年山东左营造"，与歌功颂德的石碑不同，这里体现更多的是质量责任的担当——如果发生质量问题，照此倒查追责。也正是有了如此完善的工程质量管理体系，400多年后的今天，长城依然屹立不倒。

第二章 江山锦绣 河山壮丽 | 95

每年春秋两季是明朝边防压力最大的时段——时人称之为"春防""秋防"。戍边将士是长城修筑的主要力量,而边塞作为苦寒之地,当地人口数量并不多。为了弥补长城沿线守御力量的不足,当时会从内地地区特别是河南、山东、山西临时调遣兵力来此协防,这些远道而来的"客兵"也承担了修筑长城的任务,现存司马台长城上数量众多的文字砖便是最好的印证。

# 箭扣

箭扣长城位于北京市怀柔区雁栖镇西栅子村，这里山势险峻，富于变化，险峰断崖之上的长城也显得更加雄奇险要。因整段长城蜿蜒呈英文字母"W"状，形如满弓扣箭而得名。箭扣长城是明代万里长城著名的险段之一，在各种长城画册中上镜率很高。

箭扣长城在明代属贾儿岭口管辖,肇建于嘉靖十五年(1536年),嘉靖二十九年(1550年)"庚戌之变"后,进入全面建设时期,并一度掀起小高潮。随着嘉靖三十年昌镇从蓟镇中析出,箭扣长城亦由原先的蓟镇改属昌镇管辖。需要注意的是,昌镇长城的核心功能是"护视陵寝,防守边关"。——这与中国传统的"国之大事,在祀与戎"的观念不谋而合。

　　箭扣长城地处明朝京城后、皇陵外围防线，是蒙古进入之要冲。明人赞美其"内拱京都，外连边障，其山川关隘，控扼形胜"。长城"环卫陵寝，拱护京师，密迩宣府，寔为肘腋重地"与"宣府、怀来、延庆、永宁、四海冶相为唇齿"。

　　箭扣长城东起正北楼，西行经"北京结"转向北，直抵九眼楼。箭扣长城以险峻著称，自东而西的小布达拉、西油篓、擦边过、三十八蹬、将军守关、天梯、鹰飞倒仰等节段，充分展现了长城的惊、险、奇、特、绝，能使人领略到原汁原味的古老的长城景观。

　　正北楼、九眼楼是东西两个制高点，可俯瞰箭扣长城全貌，这里又是明代蓟镇、昌镇、宣镇三大军镇的结合部，登临此地，可一览三镇之风采。

　　鹰飞倒仰是箭扣长城著名的险段之一。长城墙体呈70°—80°，陡峭异常，传说雄鹰需以倒仰的方式方可飞过，故用"鹰飞倒仰"一词，来比喻这段长城的险峻和险要。

　　天梯是一段70°、70—80米长的长城，内部最窄处60厘米宽，台阶40—50厘米高、15厘米宽的台面，要四肢并用，爬着方可通过。

箭扣长城山势险峻,怪石嶙峋,敌楼的营造往往与山石融为一体,彼此之间互为犄角,声势联络。

"北京结"一词来源于 20 世纪八九十年代的北京长城遥感调查。调查时发现长城在这里分为内外两条线,外线向北,前往延庆的九眼楼、白河堡,进而进入张家口、山西大同地区;内线则向西南,经黄花城、龙泉峪、八达岭,进而进入怀来一带。这里同时也是明代外长城和内长城的东交汇点。

# the Memories Great Beijing

第三章

# 文化传承
# 生生不息

# 居庸关

第三章 文化传承 生生不息 | 119

居庸关名声显赫,早在春秋战国时期,《吕氏春秋》《淮南子》等书已记载"天下九塞,居庸其一";在内蒙古和林格尔的东汉壁画墓中,甚至描绘了墓主人车队经过居庸关的场景!

第三章 文化传承 生生不息 | 121

从北京城中心出发，最方便去的长城景区，是位于北京西北昌平区南口镇的 4A 级景区——居庸关长城。沿着京藏高速往北行走不到 50 千米，就能在群山隘口当中，看到连绵城墙和敌台，它们像一道环形的锁扣，从山巅到溪底，扼守住公路所经过的"40 里关沟"。古书中的"居庸"，有多重涵义，不少是指代这整条关沟。这条关沟又称军都陉，为太行八陉之一，是太行山余脉与燕山余脉交汇之地，是北京西北山脉中最低处，同时也是最薄之处，因此被先人们早早发现，成为交通要途。早在春秋战国时代，燕国就在此驻守扼控。宋辽金时期，这里是各方拉锯的战场。元明清定都北京，这里更成为极冲之地。清人吴长元在《宸垣识略》对北京评价："左环沧海，右拥太行，北枕居庸，南襟河济，形胜甲于天下"，可见居庸关对于北京的重要性。目前我们访问的居庸关长城，是明代开国元勋徐达将军驱逐北元、综合审视军都陉对现今华北平原防御要义后，于洪武三年（1370 年）重新选关修建的。新址依山傍水，有足够的容纳调度空间，距离北侧另一处防御点——关沟最狭窄处的上关城约 3.5 千米，距离关沟南出口南口城约 6 千米，互为依托。

居庸关作为华北平原和晋北盆地、内蒙草原之间的交通要道，见证了民族间的文化交流、贸易往来。居庸关云台是这些历史的见证者，是一处精美称奇的建筑，以雕刻艺术见长。居庸关云台于元至正五年（1345年）建成。云台由汉白玉砌成，本身是一座过街塔的基座——台上原矗立三座石塔，元末明初石塔毁于地震，明正统八年（1443年），在台上重建寺院，名泰安寺，于清代康熙年间焚毁。现存云台台顶的四周安设有雕刻精美的石护栏及排水龙头。台座正中间南北各开一券门，券洞为八边折角式拱券，这是我国仅存的宋、元时期的城关门洞的建筑形式。券面及券洞内雕有迦楼罗（金翅鸟）、大龙神、卷叶花等。券洞内左右两壁，刻有梵、藏、八思巴、畏兀儿、汉、西夏六种文字刻写的佛经，以及多代造塔功德记。券洞顶部雕刻有10尊坐佛和若干小佛像，及各种花草图案。券洞内令人印象最深刻的，是四大天王造像，其身躯魁梧、面目凶恶、不怒自威，战袍飘带上下翻飞、动感十足。居庸关云台浮雕对人物的刻画细致入微，动静结合，刚柔相济，堪称元代雕刻艺术的精品之作。

第三章 文化传承 生生不息 | 125

居庸关内，有众多建筑，包含军政管理机构及众多寺庙祠堂。

居庸关城西侧中部有城隍庙，是目前居庸关内最大的庙宇群，主殿供奉的城隍是居庸关的创始人徐达大将军，其他各殿供奉有徐达夫人、土地、山神、十殿阎王。在传统道教中，城隍兼领亡魂诸事，所以城隍爷兼任阎王总管一职。城隍庙南侧有叠翠书馆和户曹行署。叠翠书馆现为居庸关博物馆，里面有文物和居庸关历史展呈，可以入内参观。户曹行署是明朝户部常设居庸关的衙署，是居庸关最重要的军事后勤保障管理机构。居庸关城内还有永丰仓、丰裕仓、神机库等相关保障设施。

居庸关南门外的马神庙始建于明弘治十七年（1504 年），供奉着殷郊、房星、金日磾等多位马神，及引路、开路的土羊二神，其目的是为战马的康健祈福。居庸关南门瓮城内的关王庙、以及西山北侧的关帝庙、北门瓮城的真武庙，都和明代驻军的信仰紧密相连。

居庸关曾经见证多次王朝更迭，从金灭辽、蒙灭金，到徐达驱逐元顺帝、李自成灭明。1937 年，居庸关见证了南口抗日战役中华儿女抗击外敌的英雄事迹！抛开历史烟尘，这里林木繁茂、山势雄奇、翠嶂如屏、景色幽美，自金代起就被列为燕京八景之一——"居庸叠翠"；清代被称为"天下第一雄关"，是京郊长城一日文化游的上佳选择。

# 慕田峪

慕田峪长城位于北京市怀柔区军都山南麓,距天安门70多公里,是距离北京城区最近的长城景区之一,是国家5A级旅游区。1986年,"慕田古堞"被选为北京十六景之一。如至金秋,一定要去慕田峪领略最醉人的长城!

北京市怀柔区渤海镇慕田峪村的东、南、北三面山脊上，环绕着高大的慕田峪长城。这里的长城最早出现在南北朝时期。公元1368年，明朝徐达驱逐北元后，利用北齐长城遗址进行督建防御，永乐二年（1404年）建慕田峪关。嘉靖、隆庆、万历年间，明廷不断对此处长城进行加固，尤其隆庆年间谭纶、戚继光主持边务，在此处长城创建空心敌台、使用城砖包筑旧有边墙、将城墙增高加厚并增设两面垛口，慕田峪长城始有今日模样。

第三章 文化传承 生生不息 | 133

　　慕田峪长城空心敌台中，最为宏伟的是建关于明永乐二年（1404年）慕田峪关的关楼，也叫正关台。这座空心敌台位于两山峡谷正中，战略位置极其重要。它由中间一座主台与两侧耳台相联组成，底层相通，有室多间，可用于囤粮、屯兵。考古发掘时，其左侧耳楼顶上房内还保存有原建的顺山炕，这说明此屋曾供守关将领住宿。这种三台联成一体的空心敌台，在北京地区的长城中仅见此一例，极具特点。

　　慕田峪山中植被覆盖率在96%以上。山上原有200多棵百年古松，如今满山种满了板栗、核桃、柿子、山杏、山楂等果木，间种杨、桑、桦、椿、柏、枫、栌、炬等树木。踏上长城，放眼远眺，四季景色各异：春季漫山粉中带红，热情袅袅；夏天绿意盎然，生机勃勃；到了秋天，随着天气渐凉，各种色彩纷纷登场，绿、橙、黄、红、紫喧闹不休，但是，缤纷色彩与蓝天相接处，有一条沧桑的白色巨龙在山巅盘旋，形成一幅宏大而又醉人的画卷！

慕田峪长城所处的地理位置很有意思。明朝管理长城的军分区叫军镇，慕田峪西部有"北京结"，是宣镇和昌镇长城的交点；慕田峪东部的"慕字一号台"，是昌镇和蓟镇长城的交点，这片区域的管理和指挥中心，在万历元年（1573年）后，都移到了慕田峪，在现慕田峪村里，尚能找到明代堡墙遗址。明代昌镇这个"军分区"的司令部在现今的昌平。明朝建立军镇时，一开始并没有昌镇。嘉靖三十年（1551年），为了保护明皇陵，并加强北部防御，特别建立了昌镇，慕田峪关就是昌镇东首第一关。慕田峪关是拱卫京畿的军事要冲，应和地势，被人们称为"危岭雄关"。

从景区入口上到长城,其间山势较陡,能让人体验当年将士筑城与守边之辛劳,好在一路都有翠荫遮挡阳光,台阶扶梯完备,伴随一路的鸟雀和鸣,人们走到长城也颇有胜利的感觉。此外,景区在西、东两线分别准备了缆车和滑道,助人免去登城之苦。

慕田峪长城是北京地区整体保留明代敌台编号最完整的长城。在景区开发前期做的考古整理工作中,从城墙和村里征集回多块敌台匾额,完美地复原了慕字号长城的敌台编号体系。现在慕田峪长城的部分敌台上有按照原匾复制的敌台匾额,可以供人们了解这一历史信息。

当年的戍卒，便是靠在这斑驳的老墙上，透过箭窗和箭眼，警惕地眺望着远方。

慕田峪关东侧的制高点，是敌台大角台或大角楼，又称"慕字一号台"。这里曾是历史上蓟镇长城和昌镇长城的分界点，往东为蓟镇所辖，与古北口相连；往西为昌镇所辖，与八达岭相连。大角台向南还连接有一路长城，叫内支城，又叫秃尾巴边。这道长城是为保护慕田峪及西侧辖区守军免受侧翼突破的敌人突袭而增建的。因有三道长城在此相连，从长城任何一个角度看，此处都似一个城角，故名为大角台。作为一个制高点，此处视野开阔，长城内外景色尽收眼底，是慕田峪长城的著名景观之一。

# 九眼楼

九眼楼生态长城展示区位于北京市延庆区四海镇。九眼楼地处延庆区四海镇火焰山主峰，海拔 1141 米，是万里长城中规模最大、规格最高的敌楼，为古代军事战略要塞。

　　火焰山营盘西门前有一组描绘明军战斗场景的雕像，明军手持三眼铳和鸟铳。在明代中后期，火器已在长城防御部队中大规模使用起来，在火焰山营盘遗址考古中，出土多具三眼火铳、铁手雷等兵器。

"威严"门匾出土于火焰山营盘,是阳刻楷书,其两侧阴刻两竖行楷书,右侧为"钦差怀隆兵备按察使胡立",左侧为"万历岁次戊午□秋吉旦"。万历戊午为万历四十六年,即1618年。

九眼楼长城南端建有营盘和庙宇，营盘遗址平面为不规则长方形，营盘西城墙长约100米，北墙长约45米，南墙长约50米，面积约2500平方米，均为毛石垒砌。顾名思义，"营盘"即兵站，乃守军驻扎之地，系军事要塞。将兵站卫所设置在城墙上，这种做法在长城体系中罕见，具有重要的战术意义，营盘遗址具有重要的科考价值。

在近年来的保护修缮工程中，九眼楼附近出土的碑刻多达 24 通。在一座敌楼周围发现如此多的碑刻，这在万里长城上绝无仅有。除最大的一通双线阴刻"镇胡岭"碑外，其余多为题诗刻碑。由于长城三镇结合点的独特位置，明朝的中臣、御史、兵备们巡边按察至此，或以此为起点，或以此为终点，在此留诗寄怀，这也是九眼楼诗碑如此众多的主要成因。碑刻内容或抒发"边草初放""石花小巧""草翠烟青"的托物心境，或赞颂九眼楼"天开保障""封疆守土""峰镇雄关"的军事作用，或期盼"仗剑倚楼""全胜勒石""太平授简"的和平愿景，或表达"沙漠霓虹闪""山陵紫翠浮""华夷晓胜算""龙剑倚飞楼"的豪情壮志和对山川形胜的称颂。

第三章 文化传承 生生不息 | 151

春秋多佳日，登高赋新诗。天气好时，登火焰山兵营远眺，可望见北京城区。置身九眼楼回廊，仿佛穿越时空，回到明朝！

# 白马关

　　白马关村位于北京市密云区冯家峪镇。白马关长城初建于永乐年间，辖关寨十一所，边城一百五十里，空心敌台三十六座。

《四镇三关志》记载:"白马关在石塘岭东北四十里,东去潮河川九十里,有城,有水关。关北七十里有汤河,又北百里为满套儿,要冲也。"据传明初修长城时,从东北野马川窜进一匹暴烈白马,四处狂奔,糟踏庄稼,时而伤人,后被此处修长城的兵将擒服,故名白马关。南门存高约7米,门上的石匾阴刻"白馬関堡"四字。南门内右侧有马道遗址,从留下的痕迹来看,马道应有2米左右宽,从马道能很方便地将物资用骡车拉到城墙上,现在马道已被夷平。

出白马关后，沿白马关河北行十里，会路过一个叫番字牌的村庄。在村子附近石壁阳面，刻有大小不等的三十多组番字。据考证，这些番字里包含我国的两种少数民族文字——藏文及回鹘式蒙文，以及一种古印度文字——梵文；内容主要为佛教六字真言"唵（ōng）嘛（ma）呢（nī）叭（bēi）咪（mēi）吽（hōng）"；其下有落款和纪年，如藏文"阴火兔三年"（元泰定帝三年，1326年）、"军队造"等。另在东山坡一立石上刻一大型番字，字高1米，宽30厘米，为佛教"十相自在图"。这些石刻文字粗放、古朴，印证了北京地区民族迁徙融合的历史，是文化融合的产物。

1940年5月,白乙化率八路军冀热察挺进军10团从平西挺进平北,开辟了丰(宁)滦(平)密(云)抗日根据地。1940年12月15日,10团1营由营长王亢指挥,在冯家峪的南湾子击毙从滦平白马关撤向密云的日军铃木大队哲田中队90余人,这让日军很震惊,也让丰滦密的群众抗敌信心大增。在冯家峪的溪口外崖壁上,至今留有八路军的抗日标语:"反对日寇集家修人圈,不给鬼子卖力气!"2021年3月,冯家峪抗日标语遗迹被北京市文物局确定为北京市第一批不可移动革命文物。

冯家峪长城西山第一楼,被长城迷们称为"完美楼"。

# the Memories Great Beijing

# 第四章

## 水光潋滟
## 渔家唱晚

# 五座楼

明长城五座楼段位于北京市密云区石城镇，因有五座敌台而得名。

五座楼所在的五座楼山北扼石城关隘,东临密云水库。五座敌台依悬崖而建,雄踞峰巅,由北顺山势蜿蜒而来,遥遥相望。因地势较高,在五座楼敌台上可以俯视周边河谷,遇敌情可火速燃烽烟,互传报警。

根据"五座楼刻石"记载,尚能分辨出五座峰中的天精涧、牵牛岭、峰门顶,其余两座峰因字迹模糊,较难考究。

明代蓟镇西协四路分别为石塘路、古北路、曹家路、墙子路，五座楼属石塘路石塘岭下。五座楼南接大良峪寨、白道峪关，北接东水峪关、西石城关。石塘路在慕田峪与昌镇黄花路相接，它紧锁白马关和鹿皮关两个关口，南北石城是其西北门户。西南白道峪、小水峪，河防口都是战略要地，设有关隘。战时以石塘路为中心，可以北、西、南三面支援，石塘路地处这三面的中心地带，最为关键。现今，登上城楼，只见山峦叠障，层林尽染，山下的密云水库尽收眼底，春碧夏黛，秋红冬白，景出天然。

# 黄花城

黄花城长城始建于明永乐年间（1403年—1424年），距今已有600多年历史。黄花城位于居庸关、古北口二关之中，北连四海冶，自元代就是京城北门所在。明成祖建都北京后，将陵寝设于昌平天寿山之阳，黄花镇在天寿山之北。黄花城长城不仅守卫着京师的北大门，而且是护卫明皇陵"十三陵"的重要门户。

1971年，在黄花城长城关口位置修建了水库大坝，蓄水后形成了今天的水长城景观，原来低处山谷部位的长城淹没在水中，形成了长城入水的壮丽景观。

每到雨季，水库水位上涨，漫过堤坝后，就形成一道壮丽的长城瀑布景观。

黄花城长城修建考究，明万历年间（1573年—1619年）重修为一等边墙，条石为基，青砖漫顶。在黄花城下岩壁之上，有"金汤"二字，每字有2米见方，所以黄花城又称"金汤"长城。

今天的黄花城周边种植了大量果树，每到四五月间，漫山的山花映衬着古老的长城，吸引了大量的游客流连忘返。600多年前的黄花城，在今天的桃花映衬下又恢复了往日的胜景。

第四章 水光潋滟 渔家唱晚 | 171

# 青龙峡

青龙峡长城位于明代长城要塞"大水峪关",始建于明永乐年间（1403年—1424年）,明朝万历年间重建,隶属蓟镇。大水峪关为明、清两代京师通往丰宁及热河地区的交通要塞。从此处向北就进入燕山山脉的群山腹地,山势险要,长城依山势而建,城墙与山险并存,险要之处的敌台保存得普遍较好。

1970年修建大水峪水库后,峡谷中形成了水库与长城交相辉映的壮美景观。1990年水库景区更名为青龙峡,并成为京郊知名的长城旅游胜地。

第四章 水光潋滟 渔家唱晚 | 173

# the Memories Great Beijing

第五章

# 戍边后代
# 欢乐农家

# 柳沟

北京市延庆区井庄镇柳沟村并不仅仅得名于大片的古柳树和被洪水冲出的深沟。作为明朝京北重要的南山路长城防线的重镇,为了防御北方的鞑靼,明朝于嘉靖三十年(1551年)在柳沟修筑了四门城堡,东西长300米,南北宽240米;明万历二十四年(1596年)又加修了南关,至此,柳沟城堡及东西两关形成了酷似凤凰展翅的造型,故柳沟古城又称为"凤凰城"。

今天,柳沟村的火盆豆腐宴很出名。与人们印象里石膏豆腐和卤水豆腐截然不同,"酸点豆腐"是柳沟豆腐的精华,它是利用豆腐发酵后的酸浆,代替了石膏和卤水的角色,因此柳沟的豆腐也可以多"喝"点汤汁,豆腐品尝起来口感更加浓醇,颇有升级版豆汁的感觉。

# 永宁

永宁城始建于唐贞观十八年（644 年），约在辽金时期，唐代永宁城毁于战火。明宣德五年（1430 年），永宁县重新修城驻守，随后在明正统四年（1439 年）、嘉靖四十二年（1563 年）、明万历二十七年（1599 年）等多次重修。设立永宁县的时间早于修建十三陵，故有"先有永宁城，后有十三陵"之说。

作为京北重镇，永宁汇集了多地域多民族的特色，从明清流传至今的永宁大集就是文化交融的重要场所。集市上最出名的就是一种被称为火勺的面饼，被南来北往的客商奉为美食。延庆人管"火勺"的制作过程叫"打"，"打"得好的火勺呈金黄色，外焦里嫩。火勺可以夹各种你能想到的食材，从鸡蛋、熟肉到各类蔬菜，"火勺夹一切"正是永宁包容与发展的特色的体现。

第五章 戍边后代 欢乐农家 | 181

# 石峡

　　北京市延庆区石峡村，是明朝石峡峪城堡所在地，虽然城堡已经消失，但是从当年城堡南门匾"迎旭"中，人们依然能感受当年守关将士对生活的热爱。

　　石峡石头多，用烤得滚烫的卵石烹制菜肴的方法流传至今。石烹猪脸，一道不能三言两语描述清楚的菜。红亮亮的猪脸被铺在一层滚烫的鹅卵石上，这也是"石烹猪脸"名字的由来。猪脸旁边码放得整整齐齐的是被唤作"火勺"的白白胖胖、洒了芝麻的烧饼。火勺属于"延庆十大特色文化遗产"，几乎是伴随长城历史的一道名小吃。经过600年的发展，火勺在延庆人心中已经成为可以夹一切的神物。

第五章 戍边后代 欢乐农家 | 183

# 长峪城

　　长峪城南望镇边城,东邻白羊城,从明朝就称长峪口,是明代京师西北防御的重要隘口之一。明朝正德年间(1506年—1521年)开始修筑,称长峪城;万历年间(1573年—1619年)重新修葺扩建。

　　长峪城永兴寺始建于明代,位于村西高台之上,寺庙建筑主体保留完整,钟楼鼓楼罗汉殿主殿规制齐全,西配殿为戏楼,是北京昌平区仅有的两座带戏楼的寺庙之一。

第五章 戍边后代 欢乐农家 | 187

今天的长峪城凭借旖旎的自然风光和颇有特色的猪蹄宴在京西享有不小的名气。

"糕子"也是猪蹄宴的特色美食，据传也是源自明朝，将高粱面糊浇在一个火热的帽型模具上，高温瞬间将糕子蒸熟，口感香甜软糯。

第六章

# 红色记忆
# 铸就辉煌

# 古北口

古北口最早于北齐时筑长城,至明朝时先后由名将徐达、戚继光大规模重筑,留下了今天的古北口长城遗址。

1933 年,占领中国东北全境的侵华日军兵锋南下,意图占领华北长城各重要关隘,长城抗战由此爆发。在中华民族最危险的时候,装备落后的中国军人慷慨奔赴长城前线,与入侵者展开了殊死搏斗。作为北京东北门户的古北口,中国军队在这一带与日军的战斗极为惨烈。

古北口潮河边宁静祥和的田园风光

古北口战役中战斗最为激烈的蟠龙山长城

蟠龙山长城,南控幽燕,北悍肃漠,以不事雕琢和饱经战争洗礼著称。

第六章 红色记忆 铸就辉煌 | 195

古北口蟠龙山将军楼

将军楼可俯瞰长城两侧多个关键山谷的情况，战略地位十分重要，成为日军攻击的重点。国民革命军112师失守长城阵地后，25师师长关麟征亲自带队组织反攻，在激烈的战斗中，团长王润波阵亡，师长关麟征受重伤。

将军楼长城敌台内被炮弹炸塌的穹顶

将军楼内"万历□年墙子路造"文字砖

第六章 红色记忆 铸就辉煌 | 197

日军占领将军楼后刻下"步兵十七联队占领"字样,成为侵华可耻的铁证,同时也提醒每位来到这里的中国人不忘国耻、不忘历史。

侵华日军刻于蟠龙山郝望楼西门南侧的字迹。其中"步三二"代表日军32联队,史料记载它与17联队为进攻蟠龙山长城的主要部队。

七勇士纪念碑

国民党军队溃败后,驻守在帽儿山阵地没收到撤退命令的七名战士被日军包围。他们拒不投降,在大量杀伤敌军、弹尽粮绝的情况下,全部壮烈牺牲。

鸟瞰古北口及古北口长城抗战纪念馆

古北口战役阵亡将士公墓

战斗结束后,古北口大街小巷山谷野地尸横遍地,当地群众和杨令公庙道人王乐如收敛遗体,择地掩埋。《塘沽协定》签订后,国民党政府起运500具尸骨赴安徽蚌埠立墓另葬(25师士兵多为蚌埠籍)。之后,道人王乐如组织群众从田野山谷收敛尸骨360余具,统一葬在古北口。

全国政协副主席、民革中央主席何鲁丽题写的"长城抗战古北口战役纪念碑"及碑亭

古北口长城抗战纪念馆近景及馆内收藏的相关展品

# 南口

南口长城，位于北京市昌平区南口镇南口村，北距居庸关7千米，是进入关沟的第一道关卡，与居庸关关城、上关城、八达岭等共同构成关沟军事防御建筑体系。元代曾于此置司戍守，明永乐二年（1404年）建城，此后明、清均有重修。南口长城地处关沟南口两山之间，乃进出关沟之门户，无论军事攻守或商贸运输都须经于此，为京西北重要交通要道。现南口关城存南城墙一段及南城门一座，城墙为河卵石垒砌，城门包砖，东西两山有敌台，明朝以后南口城演变为村落。

春季，和谐号动车组穿过山花盛开的居庸关关沟。遥想起80多年前在南口战役中为民族解放事业而牺牲的中华儿女们，不由让人想到毛泽东主席那句诗词——"待到山花烂漫时，她在丛中笑"。

南门东侧山脊上残存的烽火台

堵在居庸关南大门的南口镇

1937年七七事变后，日军全面侵华战争开始。为了断绝中国军队进入华北的北部通道并据此进攻，侵华日军于1937年8月11日开始攻击南口。中国守军以誓死决心与侵略者反复拼杀，严重打击了日军疯狂进攻的势头，打乱了日寇的作战计划。虽然南口战役以8月26日中国军队突围、日军最终占领怀来而结束，但中国军人在此次战斗中的英勇表现，使这次战役仍不失为抗战史上极其光辉的一页。

南口镇里保存完好的明代太监墓道

李公，字监，生前为明代中期宫廷太监，死后厚葬于南口镇，该墓早年被盗，仅存墓前石望柱、石门、石牌坊等石刻。

# 高楼

南口战役中，日军的正面攻击因受到守军顽强抵抗，进展不利，转而分兵多路进攻居庸关长城西部各段，企图绕过居庸关，迂回攻击中国守军后方。

在黄土岭、黄楼院、长峪城、镇边城一线，中日军队反复争夺长城阵地，战斗之惨烈使得至今仍可在长城下发现双方士兵遗骸及物品。一寸山河一寸血，一抔热土一抔魂，那些为国捐躯的战士们用他们的血肉筑起了我们民族新的长城。

处于制高点,被称为"高楼"的长城敌台上面弹痕累累,可见当年战况之激烈。它也是纪念南口战役中牺牲的先烈们永远的丰碑。

# 镇边城

镇边城鸟瞰

# 水头

水头村北唐儿庵沟长城隘口是日军攻击的目标之一。日军在进攻横岭城受阻后,绕道偷袭防守薄弱的水头村长城得逞,并由此攻击怀来县城,使得南口守军腹背受敌,中国军队整条战线因此动摇,最终导致南口战役失败。日军占领此处后,曾拍摄耀武扬威的照片留存。

几年之后,中国共产党领导的人民军队深入敌后,也多次转战此处并留有照片。长城见证了日本侵略者的骄横和覆灭,更见证了中华儿女们永远不屈不挠的民族精神。

水头村长城上不常见的圆形敌楼

第六章 红色记忆 铸就辉煌 | 213

# 墙子路

墙子路"V"字长城

墙子路地处北京密云、平谷与河北兴隆交界处，是东北进关交通要道，也是通往冀东的必经之路。抗战时期，日军将其作为重要据点并设有特务组织，盘查来往行人，稍有怀疑就关押拷打，有很多抗日志士在此惨遭杀害。曾有八路军干部李茂春被敌人围困于墙子路长城高尖楼内牺牲。1942 年 10 月，冀东护送选派的 13 名青年学生去平西受训，由于汉奸告密，在通过墙子路长城附近时被敌人包围，学生及护送战士共计 48 人壮烈牺牲。残酷的敌后斗争没有吓退中国共产党八路军，在冀东这个敌人四面包围、犬牙交错的复杂环境中，我们的队伍不断壮大成长，不但迎来抗战的胜利，而且为我军挥师进入东北创造了先机。

　　作为防御入侵的一处重要关隘，墙子路以险要的地形、牢固的城池被誉为"墙子雄关"，成为蓟镇西协四路之一。入口处两座山峰对峙，一夫当关，千人难进，路狭人稀，山高沟窄，自古是兵家必争之地。

　　墙子关始建于明朝洪武年间（1368年—1398年），这里是清水河冲刷出来的山谷要地，是密云通往冀东平原的快速通道。明朝蓟镇西协在关后建有墙子路城，对整个区域进行指挥管理。史载，清军曾三次突破过墙子路。新中国成立后，京承铁路即从墙子路出京。

峡谷中"孤独"的明代沿字三号台

# 沿河城

沿永定河顺流而上即可到达塞外,顺流而下则可进入华北平原与北京,这里因此也成为侵华日军的战略要地,日军在此修有炮楼和军火库。抗战初期,北京地区传奇抗日英雄白乙化在此指挥沿河城战斗,击溃进犯根据地的日军大队;宛平县大队也曾趁夜奇袭沿河城的敌军火库,劫走大量军火。如今,敌人修筑的炮楼遗迹尚存,无声地诉说着当年的战争岁月。

鸟瞰位于永定河边的沿河口村及沿河城城堡

第六章 红色记忆 铸就辉煌 | 223

沿河城堡西门

第六章 红色记忆 铸就辉煌 | 225

沿河口村沿字四号、五号两座敌楼犹如两尊门神，默默矗立在沟口的两侧。

这两座敌台可能是北京市保护得最好的长城空心敌台，几乎完整无缺的外观和内部结构，令人难以相信这是有着四百多年高龄的老建筑，它们的箭窗上甚至还保留有部分明代木制窗棂。

沿字四号台内天井仰望，时空似乎在这里静止了。

沿字四号台上没有丝毫损毁的垛墙

第六章 红色记忆 铸就辉煌 | 227

沿字三号台匾额

沿字四号台匾额

沿字四号内同样完好无损的拱券与地砖

# the Memories Great Beijing

第七章

# 街头巷尾
# 故都传说

# 北京城门、城墙

明朝大部分时期，北京是整个长城防御地带的指挥中心。北京古城墙始建于元代，一直沿用至民国，至今已有7个世纪之久，多年的战争损坏了部分建筑。

北京旧城有"内九外七皇城四"之说，指得是内城九门、外城七门以及皇城四门。内城九门分别是：正阳门、崇文门、宣武门、朝阳门、阜成门、东直门、西直门、安定门、德胜门；外城七门分别是：永定门、左安门、右安门、广渠门、广安门、东便门、西便门；皇城四门分别是：天安门、地安门、东安门、西安门。

1952年起，北京外城古城墙被陆续拆除，内城墙后因修建地铁也被拆除。东南角的角楼附近和东便门至崇文门两处明城垣遗址，是北京城历史发展的标志，如今是明城墙遗址公园。

# 于谦祠

于谦,字廷益,号节庵,官至少保,世称于少保,汉族,明代大臣、民族英雄。

明英宗正统十四年（1449年）发生的"土木堡之变"是明朝历史上最危急的时刻,英宗兵败被俘,大明江山岌岌可危。于谦力排南迁之议,坚请固守,以兵部尚书身份领导北京保卫战,使明朝避免了丢失半壁江山。

北京于谦祠是于谦在北京为官时的宅邸，在 1984 年成为北京市重点文物保护单位。

# 袁崇焕墓、祠

袁崇焕是明末杰出的军事家、爱国将领和著名的民族英雄,官至兵部尚书兼右副都御史,其祠、墓始建于明崇祯三年(1630年)。

作为历史上明末抗清名将,袁崇焕虽然在战场上击溃清军,但崇祯听信谗言,中了反间计,反将袁崇焕逮捕下狱,次年处死。相传,其部下佘义士"夜窃督师尸"葬于此地。乾隆四十七年(1782年),其真相大白于天下,千古奇冤得以昭雪。后人为纪念他,修建了祠堂。

1952年，毛泽东主席批示："袁崇焕祠、墓应予保存"。1984年，袁崇焕祠、墓修缮后为北京市文物保护单位。

# 故宫

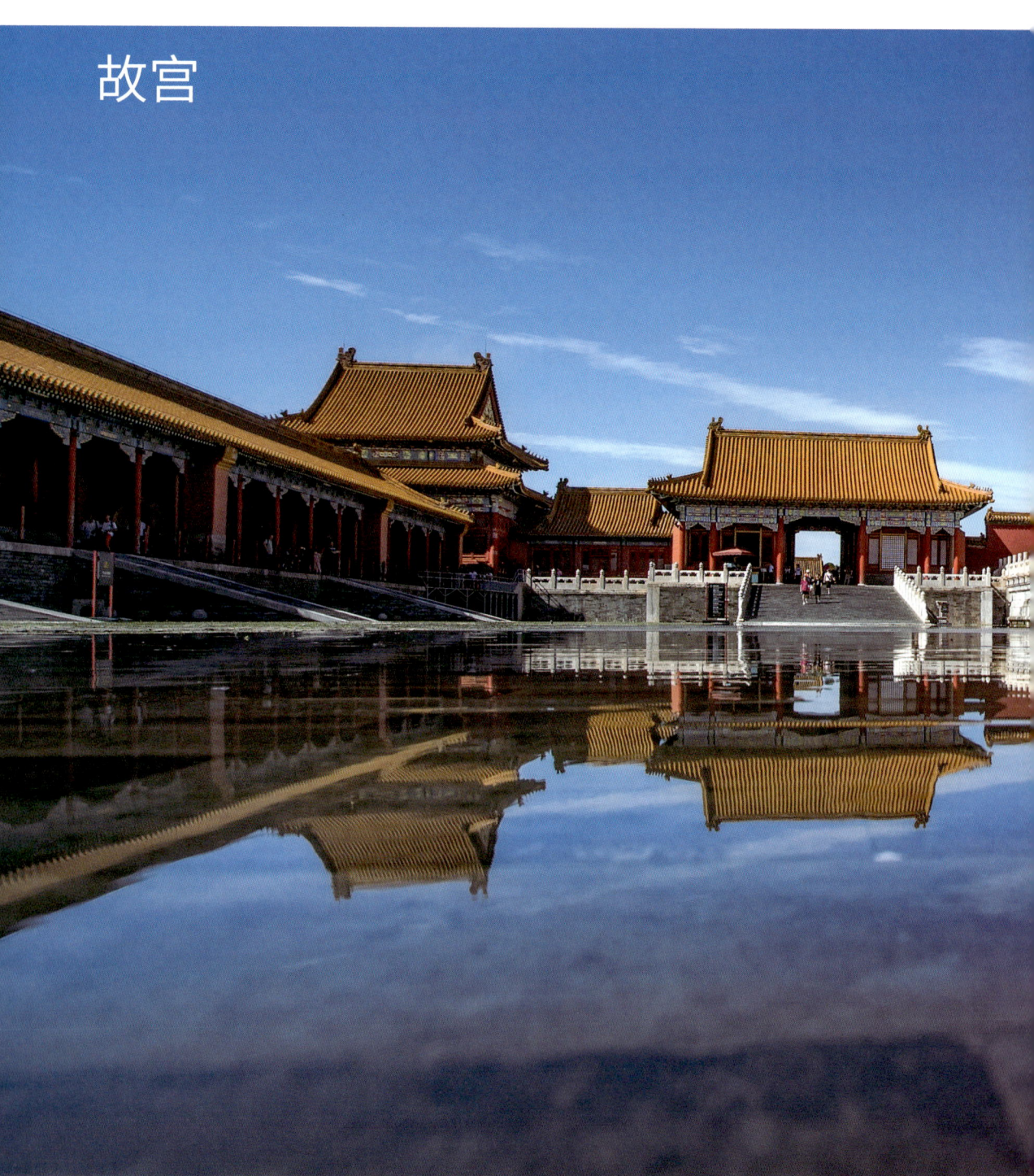

第七章 街头巷尾 故都传说 | 237

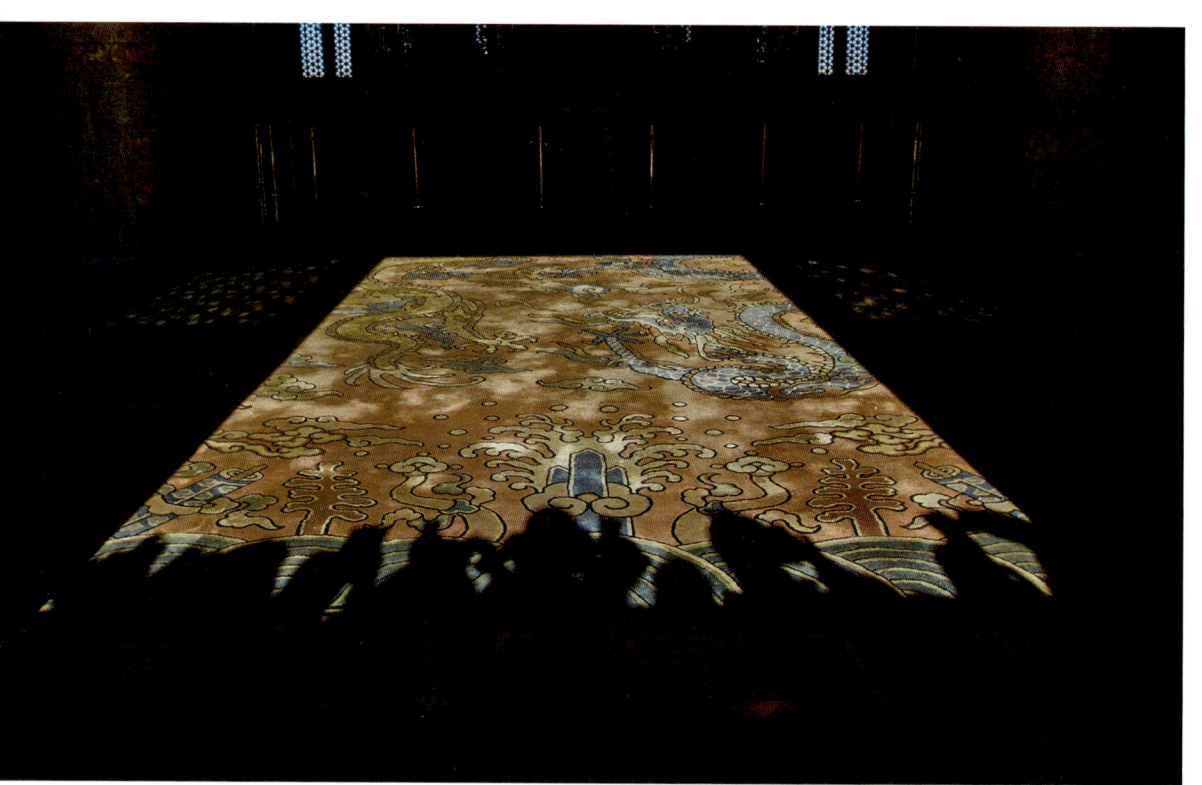

位于北京中轴线中心的故宫,又称紫禁城,是中国明清两代的皇家宫殿。

永乐四年(1406年),明成祖下诏开始兴建北平皇宫和城垣,蓝本为南京皇宫。永乐七年(1409年),明成祖以北平为基地进行北征,同时开始在北平附近的昌平修建长陵。永乐八年(1410年),明成祖亲征回师后,下令开会通河,打通南北漕运。永乐十五年(1417年),北平紫禁城正式动工。永乐十八年(1420年)北京皇宫建成,明成祖下诏正式迁都,改金陵应天府为南京,改北京顺天府为京师。

此后,故宫成为明清两朝二十四位皇帝皇宫。1925年10月10日,成立为故宫博物院。

故宫南北长961米,东西宽753米,四面围有高10米的城墙,城外有宽52米的护城河,设城门四座,南为午门,北为神武门,东西各为东华门、西华门。

　　故宫四角，各有角楼一座，民间有九梁十八柱七十二条脊之说，形容其结构的复杂及绰约的风姿。

故宫的建筑分为外朝和内廷两部分。

外朝的中心为太和殿、中和殿、保和殿，统称三大殿，是国家举行大典礼的地方。三大殿左右两翼辅以文华殿、武英殿两组建筑。

内廷的中心是乾清宫、交泰殿、坤宁宫，统称后三宫，是皇帝和皇后居住的正宫，其后为御花园。后三宫两侧排列着东、西六宫，是后妃们居住休息的地方。东六宫东侧是天穹宝殿等佛堂建筑，西六宫西侧是中正殿等佛堂建筑。

外朝、内廷之外还有外东路、外西路两部分建筑。

第七章 街头巷尾 故都传说 | 243

　　北京故宫是世界上现存规模最大、保存最为完整的木质结构古建筑之一。1961年，北京故宫被列为第一批全国重点文物保护单位；1987年，北京故宫被列为世界文化遗产。

# 跋

宋献伟

2022年2月4日,中国农历立春当天,北京2022冬奥会在万众期盼下拉开了帷幕,别具"中国式浪漫"的二十四节气倒计时宣传片把世界的眼光又一次聚焦到了长城上,24张图片中出现了两幅长城的画面,分别是朝晖沐浴下惊蛰时节的长城和氤氲雾气缭绕下大雪时节的长城。

其实,长城作为中华民族精神的文化符号,早在2008年北京奥运会期间就成为中国符号向世界进行推介。当时五洲传播出版社就出版了由中国长城学会常务副会长董耀会主编的《长城》画册,作为送给外宾的礼物,受到各国奥运健儿及外宾的欢迎。

年年岁岁花相似,岁岁年年人不同。与14年前不同的是,长城在中华民族伟大复兴的征程中,闪耀出更加璀璨的光芒,在中国人的心目中拥有了更至高无上的荣耀。长城国家文化公园的建设作为一项文化战略,成为2035年建设文化强国的重要内容。北京长城文化带的建设,也已成为北京市打造全国文化中心的关键举措,进入到具体实施中。

长城是古老的,从春秋时代到现在已经历了2000多年。长城又是年轻的,在不同的时代始终澎湃着青春的活力。从1908年美国著名旅行家、地理学家和作家威廉·盖洛第一次用摄影的方式记录了长城的全貌,到百年后2009年英国著名长城研究者威廉·林赛在同样的空间进行百年回望,长城一次次以影像记忆的方式涌动着时代的浪潮。

本书的摄影杨东正是这样一位充满青春朝气的年轻摄影师,从2016年开始对长城摄影产生激情,他就立下了一辈子拍长城的宏伟夙愿。六年来,他披星戴月,栉风沐雨,风餐露宿,爬山涉水,40万张长城摄影作品一次次惊艳大众,尤其是关于北京长城的摄影作品,更是琳琅满目,自成体系,独树一帜,蔚然大观。

2018年,笔者编导纪录电影《爱我长城》时,有幸与杨东结识,并把他选为其中的一位主人公,以他年轻的视角去发现和讲述以百岁老红军王定国、老专家罗哲文等代表的几代人保护长城的故事。在电影上映后,杨东长城摄影作品的艺术品

质和思想内涵有了更大的飞跃,透过古老的长城画面,那种与历史同频共振的时代强音仿佛随时可以喷薄而出。

在北京市文联及中广树德国际文化传媒的支持下,我邀请在长城界享有盛名的公益平台"长城小站"创办人张俊(火箭人)先生和2008年五洲传播出版社《长城》画册的设计师闫志杰先生,一起策划出版了这本书,希望能把杨东的北京长城摄影作品留作永远的记忆。

百年前的1909年,美国旅行家威廉·盖洛用摄影在他的《中国长城》一书中记录了一个正在觉醒的中国。他在书中描写道:"这个帝国有一种情感,有一种民族精神,不会再容忍外国的干涉。一支庞大的军队正在筹备和训练之中,宏大的教育和其他计划也正在酝酿之中。我们希望那即将出现的不仅是一种崭新的精神,而且还是一种优秀的精神。"百年后的2022年,古老的长城又一次成为冬奥会的文化代表,礼仪四方,共创盛举。借此机会,本书也将舒展开属于北京的长城记忆,在国家长城文化公园和北京长城文化带的建设中贡献一脉馨香。

衷心感谢著名长城专家、中国长城学会副会长董耀会先生为本书题序,感谢北京市文联、中广树德国际文化传媒、长城小站、五洲传播出版社等单位的鼎力支持,感谢杨东、火箭人(张俊)、闫志杰等为本书付出的心血智慧。

祝愿读者在阅读本书的过程中,都能找到属于自己的长城!

2022年2月4日立春

图书在版编目（CIP）数据

长城·北京记忆 / 杨东摄影；宋献伟编著．
-- 北京：五洲传播出版社，2022.10
ISBN 978-7-5085-4748-0

Ⅰ．①长… Ⅱ．①杨… ②宋… Ⅲ．①长城—北京—图集
Ⅳ．① K928.77-64

中国版本图书馆 CIP 数据核字 (2022) 第 103115 号

## 长城 北京记忆

| | |
|---|---|
| 荣誉策划： | 中广树德国际文化传媒有限公司 |
| 摄　　影： | 杨　东 |
| 编　　著： | 宋献伟 |
| 出 版 人： | 关　宏 |
| 责任编辑： | 黄金敏　秦慧敏 |
| 装帧设计： | 闫志杰 |
| 版式设计： | 王春晓 |
| 设计制作： | 北京正视文化艺术有限责任公司 |
| 出版发行： | 五洲传播出版社 |
| 地　　址： | 北京市海淀区北三环中路 31 号生产力大楼 B 座 6 层 |
| 邮　　编： | 100088 |
| 发行电话： | 010-82005927，010-82007837 |
| 网　　址： | www.cicc.org.cn　www.thatsbooks.com |
| 承　　印： | 北京市房山腾龙印刷厂 |
| 版　　次： | 2023 年 8 月第 1 版第 1 次印刷 |
| 开　　本： | 787mm×1092mm　1/16 |
| 印　　张： | 15.5 |
| 字　　数： | 50 千字 |
| 定　　价： | 128.00 元 |